AF338875

PUBLICATIONS DE L'ANNUAIRE NÉCROLOGIQUE.

NOTICE

SUR

M. LE BARON VAST-VIMEUX.

EXTRAIT

DE L'ANNUAIRE NÉCROLOGIQUE

Fondé en 1820 par M. Mahul, ancien Député, ancien Préfet, continué par

E. PERRAUD (DE THOURY).

Prix 1 fr. 50 c.

PARIS

AU BUREAU DE L'ANNUAIRE NÉCROLOGIQUE

11, RUE D'ENFER, 11.

1859

M. LE GÉNÉRAL BARON VAST-VIMEUX

(CHARLES-LOUIS).

Grand-officier de la Légion-d'honneur, chevalier de Saint-
Louis et de Saint-Ferdinand d'Espagne, député et
questeur au Corps Législatif, membre du
Conseil général de la Charente-Inférieure.

Dans M. le baron Vast-Vimeux, décédé le 25 septembre de cette année, à la Rochelle, à l'âge de soixante et douze ans, la mort vient de frapper encore un de ces vaillants qui firent sous l'Empire leurs premières armes, un de ces soldats infatigables qui cueillaient chaque jour une victoire, et luttaient seuls contre l'hydre de l'Europe entière déchaînée contre eux.

M. Charles-Louis Vast-Vimeux, est né à Paris en 1787. Son oncle, M. le lieutenant-général, baron Vimeux, commanda en chef l'armée de l'Ouest, en 1794, et fut nommé, en 1813, gouverneur de la forteresse du Luxembourg. Le jeune Charles-Louis Vast-Vimeux se promit de marcher sur les traces de son oncle et de s'élever plus haut encore dans l'hiérarchie militaire.

A 18 ans, le futur général partit pour aller rejoindre le 10° régiment de hussards, en qualité d'enrôlé volontaire.

Il devait conquérir ses grades un à un ; mais qu'importe aux vaillants cette ascension lente ; ils savaient qu'un soldat de bonne volonté peut, en cherchant bien et avec du courage, trouver un bâton de maréchal dans sa giberne. M. de Vast-Vimeux était un chercheur opiniâtre, et on sait qu'il a fini par trouver.

Un an après son enrôlement, il était brigadier, et le 3 mai 1808, il obtenait les galons de maréchal-des-logis.

C'est en cette qualité que M. le baron Vast-Vimeux, à peine revenu de la campagne d'Allemagne, partit pour l'Espagne où sa bravoure lui valut l'épaulette de sous-lieutenant, le 21 novembre 1808. Il fit partie, en cette qualité, du 59° de ligne, et c'est dans ce régiment qu'il reçut un coup de feu à la jambe gauche, au siége de Saragosse.

M. Vast-Vimeux resta sous-lieutenant jusqu'en 1810, époque à laquelle il obtint le grade de lieutenant, le 11 juillet, et fut envoyé au 59ᵉ de ligne. Le général Roget prit en amitié le jeune lieutenant, et en fit son aide-de-camp, le 22 janvier 1811 ; mais M. Vast-Vimeux passa en la même qualité auprès du général Bornès, le 27 mars 1812.

Tour à tour dans l'infanterie et dans la cavalerie, M. Vast-Vimeux fit la campagne de Russie en 1812, à la tête d'une compagnie de cuirassiers, car il avait reçu le grade de capitaine le 30 août de cette année. Le vaillant soldat pénétra un des premiers dans la redoute de la Moskova, et fit des prodiges de valeur à la tête de ses hommes. En 1813, il se distinguait encore à la campagne de Saxe, et y gagnait la croix de chevalier de la Légion-d'honneur, à peine âgé de 26 ans, le 28 septembre 1813. La fortune du géant impérial menaçait ruine, mais toujours intrépide, M. Vast-Vimeux se couvrit de gloire dans les campagnes de France et pendant les Cent Jours. Sur le champ de bataille de Waterloo, il se battait comme doivent se battre des lions désespérés ; à la tête de sa compagnie, il se rua sur un carré anglais et exécuta la charge la plus brillante de la journée Enfin, vaincu par le nombre, il résista pourtant un des derniers sur le champ de bataille, et ramena à Paris et sur la Loire les débris de son régiment décimé.

M. de Vast-Vimeux, fidèle avant tout au drapeau de la France, quelle que soit la main à laquelle il est confié, ne dédaigna pas de servir sous la Restauration, et passa au 7ᵉ régiment de chasseurs à cheval, le 20 mars 1816.

Il fit les campagnes de la seconde guerre d'Espagne, en 1823-24, et fit surtout remarquer sa conduite valeureuse au passage du pont de San-Parjo. Cette journée lui valut la croix de St-Louis, dont il fut décoré le 8 octobre 1823.

Un mois après cette distinction, de capitaine il était fait chef d'escadron au même régiment, et recevait le titre de chevalier de Saint-Ferdinand d'Espagne, enfin, le 4 octobre 1826, il était promu au grade d'officier de la Légion-d'honneur.

Dès lors, M. Vast-Vimeux s'élève rapidement : le 27 décembre 1833, il est nommé lieutenant-colonel du 12e de chasseurs à cheval, après être resté trois ans dans le 16e de même arme, le 27 avril 1838, il est promu au titre de colonel du 12e régiment de dragons. A la tête de ce corps, quoique en temps de paix, M. Vast-Vimeux sut faire remarquer ses services et mériter la croix de commandeur de la Légion-d'honneur, qui lui fut remise le 19 avril 1843. Nommé maréchal de camp trois ans après cette dernière promotion, il commandait en cette qualité la subdivision des Côtes-du-Nord en 1847 et 1848.

La Révolution de Février mit en disponibilité M. le général Vast-Vimeux, le 17 avril 1848, et il fut retraité le 8 juin de la même année.

Le décret du 10 octobre 1849 le releva de la retraite, mais il rentra dans cette position dans le courant du même mois, par limite d'âge. Le dernier jour de 1851 apporta à M. le baron Vast-Vimeux sa nomination de grand-officier de la Légion-d'honneur. Cette haute distinction fut la récompense du dévoûment personnel du général pour Sa Majesté. Le 2 décembre, s'associant au grand acte qui foudroyait l'anarchie, il était à cheval, à côté du Prince, le matin et le soir de cette grande journée qui sauvait la France.

Lors du rétablissement du cadre de réserve, il s'était fait relever de la retraite une seconde fois pour y être admis. Cette admission est mentionnée dans un décret du 26 décembre 1852.

Pendant le temps que M. Vast-Vimeux fut éloigné du service militaire, en 1849, il fut élu membre de l'assemblée législative par le département de la Charente-Inférieure; en 1852, il devint député du Corps Législatif, et y fut nommé questeur.

Il retrouva ces dernières fonctions quand il fut réélu député en 1857. M. Vast-Vimeux était encore appelé à siéger au Conseil général de la Charente.

Toutes ces dignités ne laissaient pas d'absorber la santé de M. le baron Vast-Vimeux, et il a succombé au milieu des regrets de tous ceux qui l'ont connu.. Tout la Rochelle a accompagné son corps à sa dernière demeure ; ses funérailles ont eu lieu, d'ailleurs, avec tous les honneurs dûs au rang de l'illustre défunt, et tous les cœurs ont été saisis d'une émotion réelle quand M. le préfet de la Charente a lu un discours funèbre où l'éloquence la plus chaleureuse exprimait les regrets les plus vifs, les adieux les plus déchirants et les plus sincères.

Voilà donc un vaillant de moins en France ; heureusement que notre patrie est féconde en héros, et que sous notre ciel, comme le symbolique phénix, ils renaissent de leurs cendres.

M. le général baron Vast-Vimeux laisse deux fils qui tous les deux portent leur nom avec dignité dans les rangs de l'armée française, et marcheront à coup sûr sur les traces de leur glorieux père.

Léon THOUCIN.

Paris, Typ. Charles NOBLET, rue Soufflot, 18.

L'*Annuaire Nécrologique*, véritable monument élevé à
la gloire des hommes illustres et utiles, qui ont bien mérité
de leur pays et dont la vie peut être présentée comme
modèle à la jeune génération qui nous suit, publie par mois
une livraison de 3 à 4 feuilles grand in-8°, et forme à la
fin de l'année deux beaux volumes avec titre et table.

30 Francs pour toute la France.

Adresser tous les documents et communications, expressément franco, au Rédacteur en chef.

Paris, — Typ. Charles NOBLET, rue Soufflot, 18.